Martin Luther

Håndbog

Den Lille Katekismus

Martin Luther

Håndbog

Den Lille Katekismus

for almindelige
sognepræster og prædikanter

Oversat og tilrettelagt
Finn B. Andersen

© 2018 Finn B. Andersen

Oversat og tilrettelagt: Finn B. Andersen

Forlag: Books on Demand GmbH, København, Danmark

Tryk: Books on Demand GmbH, Norderstedt, Tyskland

ISBN 978-87-430-0217-8

Indholdsfortegnelse

Forord

Efter besøg i de nye evangeliske menigheder kunne Luther konstatere massivt behov for oplæring i den kristne tro.

Til hjælp for dette projekt udarbejdede han i første omgang en række plakater til at hænge op i hjemmene. Allerede i begyndelsen af 1529 blev stoffet samlet i bogform som Den Lille Katekismus. Senere samme år udkom den lille bog i udvidet udgave med Luthers vigtige forord og nu illustreret med en række tegninger med bibelske motiver

Historiske oplysninger

I oplysningerne om den danske kirkes bekendelsesskrifter fremgår det, at Martin Luthers Lille Katekismus har stået centralt her i landet lige fra reformationens begyndelse.

Kirkeordinansen nævner den blandt de grundbøger, som enhver præst skulle være i besiddelse af og bruge i sit embede. Og Christian den Femtes Danske Lov anfører katekismen blandt vores fem bekendelsesskrifter.

Mens Den Augsburgske Bekendelse mere er skrevet for teologerne og de lærde, er Luthers katekismus skrevet direkte for helt almindelige mennesker. I den store tyske samling af bekendelsesskrifter kaldes den da også for en "Lægmandsbibel, hvor alt det er kort sammenfattet, som behandles mere udførligt i Den Hellige

Skrift". Det er den lutherske kirkes minibibel. Luthers lille lommebog.

Kirkeordinansen og Danske Lov

Det var Johannes Bugenhagen, der på den danske konges anmodning kom til landet for, som Luthers og Wittenbergs repræsentant, at hjælpe med den praktiske side af reformationens gennemførelse i Danmark.

Luthers katekismus var da allerede blevet oversat til dansk et par gange. Første gang oversat af Jørgen Jensen Sadolin. I 1537 fulgte en oversættelse af Frands Vormodsen og i 1538 af Sjællands første lutherske biskop Peder Palladius. Denne sidste oversættelse var specielt beregnet som hjælp til degnene og var en forkortet udgave.

Noget af det første Bugenhagen sørgede for, var at få iværksat en ny dansk oversættelse af Luthers katekismus i fuld længde. Og som den danske kirkes førstemand fik biskop Peder Palladius ansvaret for det. Bugenhagen fremsatte nemlig over for alle de nye biskopper i både Danmark og Norge et ønske om, at alle præsterne alene skulle bruge Luthers katekismus *med de tilhørende ritualer* som håndbog.

Det drejer sig altså om den udvidede udgave af katekismen som både Kirkeordinansen og Danske Lov henviser til. I Ordinansen siges det udtrykkeligt, at *vielsen skal foregå efter Luthers katekismus* - og det vil altså sige

2

den udgave, der også indeholder ritualerne for dåb og vielse. Ligeledes henviser Danske Lov også direkte til Luther fortale i katekismen og til hans undervisning om skriftemål og absolution (Danske Lov, Anden bog, 2.5,11 og 2.5,26)

Biskop Peder Palladius

Det er da også udgaven, Palladius oversætter til dansk og som man kan finde i hans "Danske Skrifter", bind 1, (København 1911-12). Heri får vi desuden nogle vigtige oplysninger om katekismen. Palladius skriver netop her, at det er efter Bugenhagens udtrykkelige ønske, at han nu oversætter og udgiver katekismen i den fuldstændige udgave. Og han tilføjer, at han derfor "aldrig hverken fjerner noget eller tilføjer noget, men lader det blive efter han vilje og ønske."

Hvilken udgave af katekismen, der er den danske kirkes særlige udgave er der derfor ingen tvivl om. Det er den fuldstændige udgave fra 1531 og frem, som det fremgår af Palladius' oversættelse. Denne udgave har en særlig plads og betydning her i landet.

Det gælder dog først og fremmest omfanget af stoffet i katekismen, og ikke selve oversættelsen. Palladius skriver nemlig, at han gerne ser en ny og bedre oversættelse hurtigst muligt, da han har foretaget sin i hast og under stor arbejdspres. Han siger selv, at han har gjort det "således som jeg kunne, ikke som jeg skulle". Derfor ser han gerne en bedre oversættelse - blot med denne eneste betingelse, at det sker efter den rigtige udgave: "Indtil nogen kan og vil forbedre oversættelsen fra den tyske, som jeg gerne ser. Dog sådan at man hverken tilføjer eller fjerne noget fra Luthers udgave."

Bugenhagen anbefalede altså en bestemt udgave af katekismen til landets biskopper, nemlig den udgave, der også indeholder ritualerne for dåb og vielse. Og det er den udgave, der blev oversatte til dansk. Denne udgave har således en betydelig og særlig plads i den danske kirke. Og det er denne udgave, der er oversat og gengives her. Om det så er en bedre oversættelse, må folk nu afgøre, men den er i hvert fald lettere at læse for os i dag end 1500-tallets gebrokne dansk med gotisk skrift.

Udgaven indeholder følgende 12 stykker:

1. Luthers fortale
2. De Ti Bud
3. Trosbekendelsen
4. Fadervor
5. Dåb
6. Skriftemål
7. Nadver
8. Morgen- og aftenbønner
9. Bordbønner
10. Hustavlen
11. Vielsesritualet
12. Dåbsritualet

Palladius' oversættelse har 21 nye træsnit med stort set samme motiver som Luthers. Bogen her gengiver de originale tegninger fra Luthers udgaver.

Som det fremgår af overskriften udviklede Luthers katekisme sig fra en bog, beregnet til hjemmene, til også at være en manual for kirkens præster og prædikanter. Ja, der blev også trykt udgaver specielt til brug i skolerne.

Udviklingen eller brugen af katekismen afspejler sig også i titlen og forordet, som er specielt er henvendt til præsterne og prædikanterne, men overskriften over de enkelte dele i bogen lyder: ”Sådan som en husfar let og enkelt skal lære sin husstand dem.”

Originaltitlen lyder ”Enchiridion. Der kleine Catechismus für die gemeine Pfarherr und Prediger.“

I Palladius‘ oversættelse fik den titlen „Een Haandbog for Sogneprester, til Evangeliske kircke tiaeniste.”

(Tekst: WA 30 I, 243-425 og originaltrykkene).

Finn B. Andersen

Håndbog
Den Lille Katekismus

for almindelige sognepræster og prædikanter

Martin Luthers forord

Martin Luther ønsker alle trofaste og fromme sogne-
præster og prædikanter nåde, barmhjertighed og fred i
Jesus Kristus, vor Herre.

Denne katekismus eller kristne lærebog har jeg sat op
kort, enkel og ligetil. Det skyldes den nød og skrække-
lige elendighed, jeg for nylig oplevede, da jeg var med
rundt som tilsynsførende. Du milde Gud, hvor megen
jammer har jeg ikke set. Almindelige mennesker ken-
der jo intet til den kristne lære, især ikke på landet. Og
desværre er mange sognepræster helt uden evner og
indsigt i at undervise.

Alligevel vil alle kaldes kristne, døbes og gå til nadver,
selvom de hverken kan Fadervor, Trosbekendelsen el-
ler De Ti Bud. De lever som sorgløse dyr og ufornuftige
svin. Men nu hvor evangeliet er kommet, har de allige-
vel hurtig lært, at misbruge alle frihederne mesterligt.

Åh, I biskopper, hvad vil i dog forsvare jer med over for
Kristus. I har ladt hans folk så skændigt i stikken, og

ikke et øjeblik passet jeres embede. Man må ikke håbe, at alle ulykker rammer jer. I forbyder den ene del af nadveren og kører frem med jeres menneskebud. Uden at se efter om folk kan Fadervor, Trosbekendelsen og De Ti Bud. Ak og ve over jeres hals for evigt.

Derfor beder jeg for Guds skyld alle jer, mine kære herrer og brødre, som vil være præster og prædikanter, at I tager jeres embede til hjertet. Forbarm jer over de mennesker, der er jer betroet og *hjælp os med at lære folk katekismen, især de unge.* Og de, der ikke har noget bedre, kan bruge dette skema med forklaringer og gennemgå dem for folk ord for ord, sådan her:

For det første. Den, der underviser, skal for alt i verden undgå at bruge flere eller forskellige metoder og tekster om De Ti Bud, Fadervor, Trosbekendelsen, sakramenterne og så videre. Han skal vælge én metode og så holde fast i den og bruge den år efter år. Unge mennesker og jævne folk skal man undervise med én bestemt tekst og metode, ellers bliver de let forvirrede, hvis man i det ene øjeblik gør det på én måde og året efter bruger en anden, som om der var behov for forbedringer. Så er alle anstrengelser og hele arbejdet spildt.

Det har også de kære kirkefædre forstået, som alle har brugt den samme fremstilling af Fadervor, Trosbekendelsen og De Ti Bud. Derfor skal vi også blandt ungdommen og for almindelige mennesker lærer tingene, så vi ikke ændrer et komma eller fremstiller og forklarer det anderledes end forrige år. Vælg altså lige nøjagtig den form, du vil, men brug den så i al evighed.

Når du derimod underviser de lærde og kloge, så kan du udfolde alt din kunst og vende det hele på hovedet og fremstille det så spraglet og avanceret, som du evner. Men for de unge skal du bruge samme, bestemte metode og tekst. Og lær dem først og fremmest disse stykker: De Ti Bud, Trosbekendelsen, Fadervor og så videre, ord for ord efter teksten, *så de gentager det og lærer det udenad.*

Og de, der ikke vil lade sig undervise, til dem skal man sige, at de fornægter Kristus og ikke er kristne. Man skal heller ikke give dem lov til at gå til nadver eller være faddere, eller benytte nogen del af den kristne frihed. De skal simpelthen vises bort til paven og hans tjenere, ja, til Djævelen selv. Desuden skal forældre og foresatte nægte dem mad og drikke, så de offentlige myndigheder kan smide sådanne ubehøvlede folk ud af landet.

For selvom man *ikke kan eller skal tvinge nogen til tro,* så kan man *dog forlange af alle, at de véd,* hvilke regler og normer, der gælder, dér hvor de bor, arbejder og lever. Den, der vil bo på et sted, må jo kende og holde lovene det sted, han ønsker at leve. Så må Gud se til, om han virkelig tror eller i sit hjerte blot er en svindler og bedrager.

For det andet. *Når de først kan teksten godt, så lær dem derefter også betydningen, så de véd, hvad det vil sige.* Brug atter denne fremstilling eller en anden kort form, som du ønsker, men bliv ved med at bruge den uden at ændre en tøddel, som det også blev sagt om teksten. *Og gå frem langsomt og roligt.* Det er ikke nødvendigt, at gennemgå det hele på én gang, men tag et stykke ad gangen. *Når de kan det første bud godt, så tag det næste og så fremdeles, ellers bliver de overbebyrdet, så de ikke kan huske noget som helst.*

For det tredje. Når du nu har lært dem denne korte katekismus, *så kan du tage fat på Den Store Katekismus og således give dem en større og bredere forståelse.* Fremhæv hvert bud, bøn og del af trosbekendelsen med alt, hvad der hører til af handlinger, nytte, dyder, farer og ulykker. Du kan finde nok af eksempler i alle de bøger, der er skrevet derom. *Og brug især tid på de bud eller trosartikler, der er mest behov for hos jer.* For eksempel skal du fremhæve det syvende bud stærkt blandt håndværkere og forretningsfolk, ja også blandt bønder og ansatte, for her foregår *alle former for tyveri og svindel i stor stil.* På samme måde må du gøre med det fjerde bud over for børn og almindelige mennesker, så de lever stille og roligt, ærligt og lovlydigt. *Og inddrag mange eksempler fra Skriften,* hvor Gud straffer eller velsigner sådanne mennesker.

Specielt skal du også gøre det samme over for de ansvarlige personer og forældrene, så de styrer landet godt og holder børnene i skole. Påpeg at de har pligt til dette og hvis de ikke gør det, hvilken forfærdelig synd, de da begår. Dermed ødelægger de både Guds rige og det verdslige, som de værste fjender af både Gud og mennesker. Og understreg tydeligt hvilken gruelig ulykke, de anretter, hvis de ikke hjælper til med at uddanne børn til præster, prædikanter, offentligt ansatte og så videre. Gud vil straffe dem på det værste derfor.

Her er der virkelig grund til at formane, for forældrene og det offentlige begår på dette punkt så store synder, at det ikke er til at sige. Djævelen må virkelig have noget grusomt i sinde.

Til sidst. Nu da pavens tyranni er forbi, vil folk ikke længere gå til nadver og foragter det. Her er det også nødvendigt at formane. Dog med denne besked, at *vi ikke vil tvinge nogen til tro eller til at bruge nadveren,* og heller ikke stille bestemte regler op om tid og sted. Men vi skal prædike, så de af sig selv presser på uden vores regler, men tværtimod vil tvinge os præster til at give dem nadveren. Det gør man, når man forkynder, at de, der ikke i det mindste går eller ønsker at gå til nadver én til fire gange årligt, at der er *grund til at antage, at de foragter nadveren og ikke er kristne.* På samme måde som den ikke er kristen, der ikke tror eller lytter til evangeliet. Kristus siger nemlig ikke: "Gør det ikke" eller "foragt dette", men derimod: "Gør dette, så ofte som I drikke det, osv." Han vil så sandelig have at vi gør det, og ikke at vi undlader det eller foragter det. Gør det - siger han.

Den, der ikke sætter nadveren højt, viser dermed, at han ikke er en synder, ikke har noget kød, at der ikke er nogen Djævel, verden, død ulykker eller Helvede. Det vil sige, at han ikke tror det, selvom han sidder i det til op over begge ører og hører Djævelen til to gange. Modsat har han heller ikke brug for nogen nåde, liv, Paradis, Himmerige, Kristus, Gud eller andre goder. For hvis han troede, at han var omgivet af så meget ondt og manglede så meget godt, ville han ikke sådan forsømme nadveren, hvor han kan finde hjælp mod alle disse onder og få så meget godt. Man behøvede heller ikke tvinge ham til nadver med noget bud, men han ville selv komme spænende og presse dig til at give sig nadveren.

Derfor behøver du ikke opstille regler, som paven gør. *Fremhæv blot såvel nytte som skade, nød som gavn, fare som frelse i forbindelse med dette sakramente, så skal de nok selv komme uden dit pres.* Og kommer de ikke, så lad dem gå og fortæl dem, at de, der ikke regner eller føler deres store nød og Guds nådige hjælp, hører Djævelen til. Men hvis du ikke forkynder dette, eller laver regler og gift ud af det, så er det din skyld, hvis de foragter nadveren. Hvorfor skulle de ikke være dovne, når du sover og tier? Derfor vogt dig, du præst og prædikant! *Vort embede er nu blevet et andet end det var i pavedømmet. Nu er det blevet byrdefuldt, men frelsende.* Derfor er der nu megen besvær og arbejde, farer og anfægtelser, dertil en ringe løn og småt med tak fra verdens side. Men Kristus skal selv være vores løn, når vi blot trofast gør vores pligt. Dertil hjælpe os al nådes far! Ham være lov og tak i evighed ved Kristus, vor Herre, Amen.

De Ti Bud

sådan som familiens overhoved
let og enkelt
skal lære sin husstand dem

Motiv fra 2 Mos 32

1. bud

Du må ikke have andre guder.

Hvad vil det sige? Svar:

Vi skal over alt andet frygte, elske og stole på Gud.

2. bud

Du må ikke misbruge Guds navn.

Hvad vil det sige? Svar:

Vi skal frygte og elske Gud, så vi ikke bander, sværger, udøver magi, lyver eller snyder i hans navn, men i al nød påkalder, beder, lover og takker hans navn.

3. bud

Du skal holde hviledagen hellig.

Hvad vil det sige? Svar:

Vi skal frygte og elske Gud, så vi ikke tilsidesætter prædikenen og Guds ord, men holder det helligt, gerne hører og lærer det.

4. bud

Du skal ære din far og din mor.

Hvad vil det sige? Svar:

Vi skal frygte og elske Gud, så vi ikke ringeagter vores forældre og foresatte eller irriterer dem, men har respekt for dem, hjælper og adlyder dem, elsker og værdsætter dem.

5. bud

Du må ikke slå ihjel.

Hvad vil det sige? Svar:

Vi skal frygte og elske Gud, så vi ikke fysisk skader vores næste eller gør ham ked af det, men hjælper og støtter ham i al nød.

6. bud

Du må ikke bryde ægteskabet.

Hvad vil det sige? Svar:

Vi skal frygte og elske Gud, så vi lever seksuelt rent og disciplineret i ord og handling, og så enhver elsker og ærer sin ægtefælle.

7. bud

Du må ikke stjæle.

Hvad vil det sige? Svar:

Vi skal frygte og elske Gud, så vi ikke tager vores næstes penge eller ejendele, eller tilegner os dem med dårlige varer eller handler, men hjælper ham med at passe på sine ting og forbedrer sine livsvilkår.

8. bud

Du må ikke vidne falsk mod din næste.

Hvad vil det sige? Svar:

Vi skal frygte og elske Gud, så vi ikke med bedrag lyver, forråder, tilsværter eller bagtaler vores næste, men undskylder ham, taler godt om ham og opfatter alt i bedste mening.

9. bud

Du må ikke begære din næstes hus.

Hvad vil det sige? Svar:

Vi skal frygte og elske Gud, så vi ikke med bedrag for-søger at få fat på vores næstes erhvervelser eller ejen-dom, eller komme i besiddelse af det under skin af ju-ridisk ret, men tjenstvillig hjælper ham med at be-holde det.

10. bud

Du må ikke begære din næstes hustru, ansatte, husdyr eller andet, som er hans.

Hvad vil det sige? Svar:

Vi skal frygte og elske Gud, så vi ikke tilegner os vores næstes hustru, medhjælp eller husdyr, presser dem fra ham eller gør dem utilfredse, men holder dem fast på, at de skal blive og gøre deres pligt.

Hvad siger Gud nu om alle disse bud?

Han siger: Jeg, Herren din Gud, er en nidkær Gud.
Dem, der hader mig, deres synder straffe jeg indtil
tredje og fjerde generation. Men dem, der elsker mig
og holder mine bud, gør jeg godt imod i tusinde gene-
rationer.

Hvad vil det sige? Svar:

Gud truer med at straffe alle dem, der overtræder
disse bud. Derfor skal vi frygte hans vrede, så vi ikke
handler i modstrid med disse bud. Men han lover
nåde og alt godt til dem, der holder budene. Derfor
skal vi også elske og stole på ham, og gerne handle ef-
ter hans bud.

Trosbekendelsen

sådan som familiens overhoved
let og enkelt
skal lære sin husstand den

Den første artikel

Om skabelsen

Jeg tror på Gud Fader, den almægtige, himlens og jordens skaber.

Hvad vil det sige? Svar:

Jeg tror, at Gud har skabt mig og alle andre skabninger.

At han har givet mig legeme og sjæl, øjne, øren og alle lemmer, fornuft og alle sanser og endnu opholder alt dette. At han giver tøj og sko, mad og drikke, hus og hjem, hustru og børn, arbejde, husdyr og alt, hvad jeg ejer.

At han rigeligt og dagligt sørger for alt, hvad jeg behøver til mit legeme og dette liv, skærmer mig mod al fare og vogter og bevarer mig for alt ondt.

Og alt dette gør han af bare faderlig og guddommelig godhed og barmhjertighed uden nogen fortjeneste og værdighed hos mig.

For alt dette skylder jeg at takke og prise ham og tjene ham og være ham lydig.

Det er vist og sandt.

Den anden artikel

Om genløsningen

Og på Jesus Kristus, hans enbårne Søn, vor Herre, som er undfanget ved Helligånden, født af Jomfru Maria, pint under Pontius Pilatus, korsfæstet, død og begravet, nedfaret til Helvede, på tredje dag opstanden fra de døde, opfaret til himmels, siddende ved Gud Faders, den almægtiges, højre hånd, hvorfra han skal komme at dømme levende og døde.

Hvad vil det sige? Svar:

Jeg tror, at Jesus Kristus, sand Gud, født af Faderen i evighed, og tillige sandt menneske, født af Jomfru Maria, er min Herre.

Og han har genløst mig fortabte og fordømte menneske, erhvervet og vundet mig fra alle synder, fra døden og fra Djævelens magt.

Ikke med guld eller sølv, men med sit hellige og dyrebare blod og med sin uskyldige lidelse og død.

Og det for at jeg skal være hans egen og i hans rige leve under ham og tjene ham i evig retfærdighed, uskyldighed og salighed.

Ligesom han er opstanden fra de døde, lever og regerer i evighed.

Det er vist og sandt.

Den tredje artikel

Om helliggørelsen

Jeg tror på Helligånden, den hellige, almindelige kirke, de helliges samfund, syndernes forladelse, kødets opstandelse og det evige liv.

Hvad vil det sige? Svar:

Jeg tror, at jeg ikke af egen evne og kraft kan tro på Jesus Kristus, min Herre, eller komme til ham.

Men Helligånden har kaldet mig ved evangeliet, har oplyst mig med sine gaver, har helliget og opholdt mig i den rette tro.

Ligesom han kalder, samler, oplyser og helliger hele den kristne menighed på jorden og bevarer den hos Jesus Kristus i den rette, ene tro.

I denne kristne menighed forlader han daglig mig og alle troende al synd rigelig.

Og han vil på den yderste dag opvække mig og alle døde og i Kristus give mig med samt alle troende evigt liv.

Det er vist og sandt.

Fadervor

sådan som familiens overhoved

let og enkelt

skal lære sin husstand den

Vor far, du som er i himlene.

Gud vil dermed indbyde os til at tro, at han er vor rette far og vi hans rette børn, for at vi trygt og med fuld tillid skal bede ham, som kære børn beder deres kære far.

Den første bøn

Helliget blive dit navn.

Hvad vil det sige? Svar:

Guds navn er ganske vist helligt i sig selv; men vi beder i denne bøn, at det også må blive helligt hos os.

Hvordan sker det? Svar:

Når Guds ord læres klart og rent, og vi som Guds børn også lever helligt efter det. Hjælp os dertil, kære Fader i Himmelen!

Men den, som lærer og lever anderledes, end Guds ord lærer, han vanhelliger Guds navn hos os.

Bevar os derfra, himmelske Fader!

Motiv fra ApG 2

Den anden bøn

Komme dit rige.

Hvad vil det sige? Svar:

Guds rige kommer vel af sig selv uden vor bøn; men vi beder i denne bøn, at det også må komme til os.

Hvordan sker det? Svar:

Når vor himmelske far giver os sin Helligånd, så vi ved hans nåde tror hans hellige ord og lever gudfrygtigt her i tiden og hisset i evigheden.

Den tredje bøn

Ske din vilje som i Himlen således også på jorden.

Hvad vil det sige? Svar:

Guds gode, nådige vilje sker vel uden vor bøn; men vi beder i denne bøn, at den også må ske hos os.

Hvordan sker det? Svar:

Når Gud bryder og hindrer enhver ond plan og vilje, der ikke vil lade os hellige hans navn og ikke lade hans rige komme.

For det er jo Djævelens, verdens og vort køds vilje.

Men at han vil styrke og bevare os faste i hans ord og i troen til vor sidste time.

Dette er hans nådige, gode vilje.

Motiv fra Joh 6

Den fjerde bøn

Giv os i dag vort daglige brød.

Hvad vil det sige? Svar:

Gud giver dagligt brød til alle onde mennesker også uden vor bøn; men vi beder i denne bøn, at han vil lade os skønne på det og modtage vort daglige brød med taksigelse.

Hvad er da dagligt brød? Svar:

Alt, hvad der er nødvendigt for at leve, som mad, drikke, tøj, sko, hus, hjem, arbejde, husdyr, penge, ejendele, en from ægtefælle, fromme børn, fromme medarbejdere, fromme og reelle overordnede, en god regering, godt vejr, fred, sundhed, god moral og ære, gode venner, trofaste naboer og alt sådan noget.

Motiv fra Matt 18

Den femte bøn

Og forlad os vor skyld, som også vi forlader vore skyldnere

Hvad vil det sige? Svar:

Vi beder i denne bøn, at vor far i Himlen ikke vil se på vor synd og for dens skyld afvise vor bøn.

For vi er ikke værdige til noget af det, vi beder om, og har heller ikke fortjent det.

Men vi beder, at han vil give os alt af nåde. Thi vi synder daglig meget og fortjener kun straf.

Så vil vi til gengæld også selv af hjertet tilgive og gøre godt mod dem, der forsynder sig mod os.

Den sjette bøn

Og led os ikke ind i fristelse.

Hvad vil det sige? Svar:

Gud frister ganske vist ingen.

Men vi beder i denne bøn, at Gud vil vogte og bevare os, for at Djævelen, verden og vort kød ikke skal bedrage os og forføre os til vantro, fortvivlelse og andre store skader og misbrug.

Og selvom vi angribes, at vi så alligevel må vinde til sidst og beholde sejren.

Den syvende bøn

Men fri os fra det onde.

Hvad vil det sige? Svar:

Vi beder i denne bøn under ét, at vor far i Himlen vil fri os fra alt, hvad der kan skade os på legeme og sjæl, ejendele og ære, og endelig, når vor sidste time kommer, unde os en salig død og i nåde tage os fra denne jammerdal op til sig i Himlen.

Amen.

Hvad vil det sige? Svar:

At jeg skal være vis på, at sådanne bønner behager og bliver hørt af vor far i Himlen, for han har selv befalet os at bede sådan og lovet, at han vil høre os.

Amen, amen, det vil sige: Ja, ja, det skal ske således.

Den hellige dåbs sakramente

sådan som familiens overhoved

let og enkelt

skal lære sin husstand dem

For det første: Hvad er dåben? Svar:

Dåben er ikke bare almindelig vand, men den er vand, indfattet i Guds bud og forbundet med Guds ord.

Hvad er det for ord? Svar:

Dér hvor vor Herre Kristus i det sidste kapitel hos Matthæus siger:

Gå derfor hen og gør alle folkeslagene til mine disciple, idet I døber dem i Faderens og Sønnens og Helligåndens navn.

For det andet:

Hvad giver eller gavner dåben? Svar:

Den virker syndernes forladelse, genløser fra døden og
Djævelen og giver den evige salighed til alle dem, som
tror det, således som Guds ord og løfte lyder.

Hvad er det da for ord og løfter? Svar:

Dér hvor vor Herre Kristus i det sidste kapitel hos
Markus siger:

Den, som tror og bliver døbt, skal frelses; men den,
der ikke tror, skal dømmes.

For det tredje:

Hvordan kan vand virke så store ting? Svar:

Vand gør det så vist ikke, men Guds ord, som er med
og ved vandet, og troen, der stoler på Guds ord i van-
det.

For uden Guds ord er vandet almindelig vand og in-
gen dåb; men med Guds ord er det en dåb, det vil sige:
et livets vand, fuldt af nåde, og et bad til genfødelse
ved Helligånden, således som apostlen Paulus siger til
Titus i det tredje kapitel:

Han frelste os ved det bad, der genføder og fornyer
ved Helligånden, som han i rigt mål udgød over os ved
Jesus Kristus, vor frelser, for at vi, retfærdiggjorte ved
hans nåde, i håbet skulle blive arvinger til evigt liv. -
Det er vist og sandt.

For det fjerde:

Hvad symboliserer en sådan vanddåb da? Svar:

Den symboliserer, at gamle Adam i os skal druknes
ved daglig anger og bod og dø med alle synder og
onde lyster, og at der i stedet for daglig skal frem-
komme og opstå et nyt menneske, som skal leve evigt
for Gud i retfærdighed og renhed.

Hvor står det? Svar:

Apostlen Paulus siger til romerne i det sjette kapitel:

Vi blev begravet sammen med Kristus ved dåben til
døden, for at, ligesom Kristus blev oprejst fra de døde
ved Faderens herlighed, sådan skal vi også leve et nyt
liv.

Motiv fra Matt 18

Hvordan man skal lære jævne folk at skrifte

Hvad er skriftemålet? svar:

Skriftemålet omfatter to dele.

For det første, at man bekender sine synder.

For det andet, at man modtager absolutionen eller tilgivelsen fra den, man skrifter for som fra Gud selv og ikke tvivler på den, men fast tror, at synderne dermed er tilgivet for Gud i Himlen.

Hvilke synder skal man da skrifte? Svar:

Over for Gud skal man påtage sig skyld for alle synder, også for dem, vi ikke kender, således som vi gør i Fadervor.

Men over for den, vi skrifter for, skal vi kun bekende de synder, som vi ved af og føler i hjertet.

Hvad er det for nogle? Svar:

Betragt i lyset af De Ti Bud, hvad du er, om du er far, mor, søn, datter, overordnet, ansat, om du har været ulydig, har snydt, været doven, vred, utugtig, hidsig, om du har gjort nogen ked af det i ord eller handling, om du har stjålet, været forsømmelig, skødesløs eller gjort skade.

En kort vejledning i at skrifte

Vær venlig at give mig en kort vejledning i at skrifte!

Svar:

Sig sådan til den, du skrifter for:

Jeg beder dig om, at du vil høre mit skriftemål og for Guds skyld tilsige mig syndsforladelsen.

Sig frem!

Jeg stakkels synder bekender mig for Gud skyldig i alle synder.

Særlig bekender jeg for dig, at jeg er ansat, men desværre ikke tjener mine overordnede med troskab; her og der har jeg ikke gjort, hvad jeg skulle, jeg har gjort dem vrede og fået dem til at bande, jeg har været forsømmelig og ladet skade ske.

Jeg har også været sjofel i ord og gerninger, har skændtes med de andre i min stilling, jeg har været sur og brokket mig over min overordnet osv.

Alt dette gør mig ondt, og jeg beder om Guds tilgivelse; jeg vil forbedre mig.

En i overordnet stilling og familiens overhoved kan
sige:

Særlig bekender jeg for dig, at jeg ikke trofast har op-
draget mine børn og ansatte til Guds ære. Jeg har ban-
det, givet et dårligt eksempel med sjofle ord og hand-
linger, voldt min nabo skade og talt ondt om ham, jeg
har solgt for dyrt, solgt dårlige varer, der ikke var i or-
den - og hvad mere han har gjort mod Guds bud i den
stilling, han er i, osv.

Men om nogen ikke skulle finde sig tynget af sådanne
eller af større synder, skal han ikke være bekymret el-
ler søge efter andre synder, ikke heller opdigte nogle
og derved gøre en pinebænk ud af skriftemålet, men
du skal fortælle en eller to, som du ved af.

Altså: Særligt bekender jeg, at jeg en gang har bandet
og ligeså en gang været hensynsløs i mine ord, en gang
forsømt det og det. - Og lad det så være nok.

Men ved du slet ikke af nogen synd (det er dog næppe
muligt), så nævn heller ikke noget særligt, men mod-
tag tilgivelsen på det almindelige skriftemål, som du
aflægger for Gud hos den, du skrifter.

Så skal den, du skrifter for, sige:

Gud være dig nådig og styrke din tro. Amen.

Og videre:

Tror du også, at min tilgivelse er Guds tilgivelse?

- Ja

Så siges der:

Det skal ske dig, som du tror. Og på vor Herres Jesu Kristi befaling tilgiver jeg dig dine synder i Faderens og Sønnens og Helligåndens navn. Amen!

Gå bort med fred.

Men den, der har store samvittighedskvaler eller er bedrøvet og anfægtet, vil den, man skrifter for, nok vide at trøste med flere bibelord og opmuntre ham til troen.

Dette skal kun være den sædvanlige måde at skrifte på for almindelige mennesker.

Alterets sakramente

sådan som familiens overhoved
let og enkelt
skal lære sin husstand dem

For det første

Hvad er alterets sakramente? Svar:

Det er vor Herre Jesu Kristi sande legeme og blod under brødet og vinen, indstiftet af Kristus selv for os kristne til at spise og drikke.

Hvor står det? Svar:

Således skriver evangelisterne Matthæus, Markus og Lukas og apostlen Paulus:

Vor Herre Jesus Kristus tog i den nat, da han blev forrådt, et brød, takkede og brød det, gav sine disciple det og sagde: "Tag det og spis det; dette er mit legeme, som gives for jer. Gør dette til ihukommelse af mig!"

Ligeså tog han også bægeret efter måltidet, takkede, gav dem det og sagde: "Drik alle heraf; dette bæger er den nye pagt ved mit blod, som udgydes for jer til syndernes forladelse. Gør dette, hver gang I drikker det, til ihukommelse af mig!"

For det andet

Hvad gavner da denne spisen og drikken? Svar:

Det viser disse ord:

Givet og udgydt for jer til syndernes forladelse.

I nadveren gives vi syndernes forladelse, liv og salighed ved disse ord. For hvor syndernes forladelse er, dér er der også liv og salighed.

For det tredje

Hvordan kan fysisk spisen og drikken have så stor virkning? Svar:

At spise og drikke gør det ganske rigtigt ikke, men de ord, der står dér:

"Givet og udgydt for jer til syndernes forladelse."

Disse ord er sammen med den konkrete spisen og drikken hovedsagen i nadveren. Og den, der tror disse ord, han har, hvad de siger og som de lyder, nemlig syndernes forladelse.

For det fjerde

Hvem modtager da dette sakramente værdigt? Svar:

Faste og legemlig forberedelse er vel en smuk ydre disciplin.

Men virkelig værdig og godt forberedt er den, der har troen på disse ord: "Givet og udgydt for jer til syndernes forladelse."

Men den, der ikke tror disse ord eller tvivler, han er uværdig og uskikket.

For ordene "for jer" fordrer udelukkende troende hjerter.

Hvordan familiens overhoved
skal lære sin husstand

at begynde og slutte dagen
med Guds velsignelse

Om morgenen

Om morgenen, når du står op af sengen, skal du slå korsets tegn og sige:

Gud Fader, Søn og Helligånd råde! Amen.

Så skal du sige trosbekendelsen og bede Fadervor enten stående eller knælende.

Hvis du vil, kan du desuden tilføje denne bøn:

Jeg takker dig himmelske far ved Jesus Kristus, din kære søn, at du i nat har beskytte mig mod alle fare og ulykker. Nu beder jeg dig, at du også i dag vil beskytte mig mod synden og alt ondt, så du er tilfreds med alt, hvad jeg foretager mig.

Jeg befaler mig med legeme og sjæl i din hånd. Lad din hellige engel være med mig, så den onde fjende ingen magt får over mig. Amen

Gå så glad i gang med dine opgaver, mens du eventuelt synger en sang om De Ti Bud eller hvad du ellers kommer i tanke om.

Om aftenen

Om aftenen, når du går i seng, skal du slå korsets tegn og sige:

Gud Fader, Søn og Helligånd råde! Amen.

Så skal du sige trosbekendelsen og bede Fadervor enten stående eller knælende.

Hvis du vil, kan du desuden tilføje denne bøn:

Jeg takker dig himmelske far ved Jesus Kristus, din kære søn, at du i dag nådigt har beskytte mig mod alle fare og ulykker. Nu beder jeg dig, at du vil tilgive alle mine synder, hvor jeg har handlet forkert og at du også nådigt vil beskytte mig i nat.

Jeg befaler mig med legeme og sjæl og alle ting i din hånd. Lad din hellige engel være med mig, så den onde fjende ingen magt får over mig. Amen

Sov så sødt med det samme.

Hvordan familiens overhoved
skal lære sin husstand

at gå til og fra bords i Guds navn

Guds velsignelse over maden

Alle går stille og roligt hen til bordet, folder hænderne og beder:

Alles øjne bier på dig og du giver dem føden i rette tid. Du åbner hånden og mætter alt, hvad der lever med velbehag.

Forklaring: Velbehag betyder at alle skabninger får så meget, at de er glade og godt tilpas. For bekymring og griskhed forhindrer, at man har det velbehageligt.

Derefter Fadervor

og så denne bøn:

Herre Gud, himmelske far, velsign os og disse dine gaver, som vi modtager af din milde hånd ved Jesus Kristus vor Herre. Amen.

Takkebøn efter maden

På samme måde skal alle også efter maden stille og roligt og med foldede hænder bede:

Tak Herren, for han er nådig og hans omsorg varer evindelig. Han giver alt kød føden, husdyrene mad og ravneungerne det, de skriger efter. Han imponeres ikke over hingstens styrke eller har behag i nogens styrke. Nej, Herren har behag i dem, der frygter ham og bier på hans godhed.

Derefter Fadervor

og denne bøn:

Herre Gud, himmelske far, vi takker dig ved Jesus Kristus, vor Herre, for alle dine velgerninger. Du, der lever og regerer i evighed. Amen.

Hustavlen

med bibelvers til alle slags hellige tjenester og livsfor-
hold, hvor enhver med passende Skriftstykker forma-
nes til at passe sin egen tjeneste og opgave

Biskopper, sognepræster og prædikanter

En biskop skal være ustraffelig, én kvindes mand, nøg-
tern, selvdisciplineret, værdig, gæstfri, god til at un-
dervise. Han må ikke drikke meget eller have let til
vrede, ikke være pengebegærlig, men mild, ikke strids-
lysten eller nærig. Han skal have orden i familiens
økonomi og børnene skal opføre sig ordentligt uden at
man skal råbe og skrige efter dem. Han må ikke være
uerfaren osv., 1 Tim 3.

Offentlige myndigheder

Enhver skal adlyde de offentlige myndigheder, for de
er alle sammen villet af Gud. Hvis man sætter sig op
mod dem, sætter man sig altså op mod Guds ordning.

Og de, der gør det, skal nok få deres straf, for myndig-
hederne har straffesanktioner. De er Guds tjenere,
hævnere, der straffer dem, der handler ondt, Rom 13.

Ægtemænd

I mænd skal bruge forstanden i samlivet med jeres hustruer. Vis dem respekt som den svagere part, der også er medarvinger til nådelivet, så jeres bønner ikke bliver forhindret, 1 Pet 3.

Og være ikke ubehagelige mod dem, Kol 3.

Hustruer

I hustruer skal underordne jer jeres mænd ligesom Herren. Sådan var også Sara Abraham lydig og kaldte ham herre. Og hendes døtre er I blevet, når I handler ret og ikke lader jer skræmme af nogen ulykke, 1 Pet 3.

Forældre

I fædre gør ikke jeres børn vrede, så de mister modet, men opdrag dem i Herrens disciplin og opmuntring, Ef 6.

Børn

I børn skal adlyde jeres forældre i herren, for det er rimeligt.

Ær din far og mor, det er det første bud, der er for-
bundet med et løfte: så det må gå dig godt og du må få
et langt liv på jorden, Ef 6.

Ansatte og medhjælpere

I ansatte skal med god samvittighed adlyde jeres over-
ordnede her i livet med frygt og bæven som var det
Herren Kristus selv. Ikke med øjentjeneste for at be-
hage mennesker, men som Kristi tjenere, der gør Guds
vilje af hjertet. Tænk på, at det er Herren, I tjener og
ikke mennesker. Og husk, at enhver får tilbage, hvad
godt han har gjort, enten han er ansat eller selvstæn-
dig.

Arbejdsgivere og overordnede

I overordnede skal gøre det samme mod dem og lad
være med at true. Husk på, at også I har en Herre i
Himlen og hos ham er der ingen personsanseelse.

Almindelige unge mennesker

I unge skal underordne jer de ældre og vise ydmyghed.
For Gud står de stolte imod, men de ydmyge giver han
nåde. Ydmyg jer derfor under Guds vældige hånd, så
han til sin tid kan ophøje jer, 1 Pet 5.

Enker

Den, der virkelig er enke, sætter sin lid til

Gud og tilbringer dag og nat i bøn. Den, der derimod følger sine lyster, er levende død, 1 Tim 5.

Universel næstekærlighed

Elsk din næste som dig selv - i disse ord er alle bud sammenfattet, Rom 13.

Og bliv ved med at bede for alle mennesker, 1 Tim 2.

Lær nu enhver sit eget stykke,

da bliver i hjemmet megen lykke.

En lille vielsesbog

for almindelige sognepræster

Martin Luthers forord

Der er ligeså mange skikke, som der er folk, siger det gamle ordsprog. Og da vielse og ægteskab hører under den offentlige forvaltning, har kirken og præsterne intet at bestemme her. Vi skal lade enhver by og egn have de regler og skikke, de har. Nogle fører bruden til kirke to gange, både om morgenen og om aftenen. Andre kun én gang. Nogle beder for parret fra prædikestolen og bekendtgør begivenheden to, tre uge før. Alt sådan noget lader jeg de høje herrer og råd bestemme og gøre, som de vil. Det angår mig ikke.

Men hvis de ønsker at blive velsignet uden for eller i kirken, eller ønsker forbøn og vielse, så har vi pligt til at gøre det. Derfor har jeg opstillet disse ord og en fremgangsmåde for dem, der ikke har noget bedre, så de kan bruge den samme form som os, hvis de ønsker det. De andre, der kan meget bedre selv - det vil sige, som slet intet kan, men tror, de kan alt, har ikke brug for min hjælp. Disse overkloge verdensmestre skal jo blot se til, at de på ingen punkter har noget, der kunne minde om de andres, så man kunne tro, de havde lært det af andre. Det ville jo være ganske forfærdelig.

Indtil nu har man smykket munkenes og nonnernes indvielse med stor pomp og pragt - og det skønt deres stand og orden er ugudelig og ren menneskepåfund uden grund i Skriften. Derfor må vi så meget mere ære denne guddommelige stand og velsigne den, bede for den og smykke den på en endnu mere storslået facon. For selvom det er en verdslig stand, så har den dog Guds ord på sin side. Den er ikke opdigtet og indstiftet af mennesker, ligesom munkenes og nonnernes stand. Derfor burde ægtestanden også hundrede gange snarere anses for åndelig end klosterstanden, der hellere skulle anses for det allermest verdslige og kødelige. Den er jo opfundet og indstiftet af kød og blod og stammer på alle måder fra verdslig kløgt og intelligens.

Det bør vi også gøre, for at ungdommen må lære at betragte denne stand med ære som et guddommeligt værk og bud. Så ville de ikke drive deres løjer så voldsomt med latter, spot og lignende narrestreger, som man tidligere har været vant til. Som om det var en spøg eller leg at indgå ægteskab og holde bryllup.

De, der fra først af har indført den skik, at føre brud og brudgom til kirke, har sandelig ikke anset ægteskabet for en spøg, men for en stor og alvorlig sag. Uden tvivl har de ønsket, at få Guds velsignelse og forbøn, og ikke at opføre et narreværk eller hedensk abespil.

Det beviser selve sagen også, selvom man ikke direkte siger det med ord. For den, der ønsker præstens eller biskoppens velsignelse og forbøn, viser jo tydeligt, hvilken fare og nød, han udsætter sig for. Og hvor meget han behøver den guddommelige velsignelse og en almindelig forbøn i den stand, han nu begynder. Man

ser jo også dagligt, hvor mange ulykker Djævelen an-
retter i ægteskabet med ægteskabsbrud, utroskab,
uenighed og al slags jammer.

Så vil vi da benytte denne fremgangsmåde over for
brud og brudgom, når de ønsker det:

For det første skal det bekendtgøres fra prædikestolen med disse ord:

Hans N. og Grete N. ønsker at indgå i den hellige ægtestand ifølge den guddommelige ordning. De ønsker derfor en kristen forbøn for sig, så de må begynde i Guds navn og have lykken med sig.

Hvis nogen har indvendinger mod dette, må han sige det i tide eller også tie bagefter. Gud velsigne dem. Amen

Foran kirken vies de med disse ord:

Hans, vil du have Grete til ægtehustru? - Svar: Ja.

Grete, vil du have Hans til ægtemand? - Svar: Ja.

Så kan de give hinanden vielsesringene, hvorefter præsten fører deres højre hånd sammen og siger:

Hvad Gud har sammenføjet, må mennesker ikke skille ad.

Derefter henvender han sig til alle:

Da Hans N. og Grete N. ønsker at gifte sig og nu offentligt har bekendtgjort det for Gud og mennesker og har givet hinanden hånden og vielsesringene, så vier
74

jeg dem sammen i Faderens og Sønnens og Helligåndens navn. Amen.

Foran alteret læser han Guds ord over brud og brudgom, Første Mosebog 2:

Og Gud Herren sagde: Det er ikke godt for mennesket at være alene. Jeg vil lave en hjælper til ham, som kan være hos ham. Så lod Gud Herren en dyb søvn falde på mennesket, så han faldt i søvn. Og han tog et ribben og lukkede stedet med kød. Og Gud Herren byggede en kvinde af ribbenet, som han havde taget fra mennesket og førte hende hen til ham. Da sagde mennesket: Dette er ben af mine ben og kød af mit kød, hun skal kaldes mandinde, for hun er taget fra manden. Derfor forlader en mand sin far og mor og bliver hos sin hustru, og de to bliver ét kød.

Dernæst vender han sig mod dem begge og siger til dem:

Da I begge er gået ind i ægteskabet i Guds navn, så hør for det første Guds bud om denne stand:

Sådan siger apostlen Paulus:

I mænd, elsk jeres hustruer, ligesom Kristus elskede menigheden og gav sig selv for den, for at hellige den. Han har renset den ved vandbadet i ord, for at han kunne fremstille for sig selv en herlig menighed, der er uden pletter og rynker eller andet, men som er hellig og ustraffelig. På samme måde skal også mændene elske deres hustruer ligesom deres egne legemer. Den, der elsker sin hustru, elsker sig selv. Og ingen har nogensinde hadet sin egen krop, men nærer og plejer den, ligesom også herren gør med menigheden.

Hustruerne skal underordne sig deres mænd ligesom Herren. Manden er nemlig sin hustrus hoved, ligesom Kristus er menighedens hoved og han er sit legemes frelser. Og som nu menigheden er underordnet Kristus, sådan skal også hustruerne være det i alle ting.

For det andet, så hør også om det kors, Gud har lagt på denne stand.

Sådan sagde Gud til kvinden: Jeg vil pådrage dig megen smerte, når du bliver gravid. Du skal føde dine børn med smerte og du skal bøje dig for din mand og han skal være din herre.

Og til manden sagde Gud: Du lyttede til din hustru og spiste af det træ, som jeg forbød dig, da jeg sagde: Du må ikke spise af det. Derfor skal marken være forbandet på grund af dig. Med smerte skal du skaffe føde derfra dit liv lang. Den skal bære dig tjørn og tidsler og du skal spise urter fra den. I sveden fra dit ansigt skal du spise dit brød, indtil du atter bliver til den jord, hvorfra du er taget. For du er jord og skal blive til jord.

76

For det tredje, så er det jeres trøst, at I ved og tror, at jeres stand er velbehagelig for Gud og velsignet af ham. For sådan står der skrevet: Gud skabte mennesket i sit billede. Ja, til Guds billede skabte han dem. Han skabte dem som han og hun. Og Gud velsignede dem, idet han sagde: Vær frugtbar og bliv mange og fyld jorden og læg den under jer og hersk over fiskene i havet og fuglene på himlen og over alle dyr, der lever på jorden. Og Gud så alt, hvad han havde skabt, og se, det var alt sammen rigtig godt.

Derfor siger Salomon også: Den, der får en hustru, får noget godt og har herrens velbehag.

Så lægger han hænderne på deres hoved og beder:

Herre Gud, du har skabt mand og kvinde og bestemt dem til at leve i ægteskab. Dertil har du velsignet dem med legemsfrugt, så de symboliserer din kære søn Jesus Kristus og hans brud, kirken. Vi beder din grundløse godhed, at du ikke vil lade din skabelse, ordning og velsignelse blive ændret eller ødelagt, men nådig bevarer den hos os ved Jesus Kristus, vor Herre. Amen.

En lille dåbsbog

oversat til modersmålet og nyrevideret

Luthers forord

Martin Luther ønsker alle kristne læsere nåde og fred fra Kristus vor Herre.

Jeg ser og høre dagligt med hvilken dovenskab og ringe alvor, ja for ikke at sige ligegyldighed, man bruger dåbens høje, hellige og trøsterige sakramente på de små børn. En af grundene synes at være, at dåbsgæsterne ikke forstår, hvad der bliver sagt og hvad der sker i dåben. Jeg mener derfor, at det ikke alene er nyttig, men også helt nødvendigt, at dåben foregår på modersmålet, så fadderne og de, der deltager desto bedre kan anspores til tro og alvorlig eftertanke. Og at den døbende præst kan udvise desto mere energi af hensyn til tilhørerne.

Men jeg beder også i kristelig hengivenhed om, at alle de, der døber, holder barnet over dåben og er dåbsgæster, at de vil lade dåbens vældige gerning og store alvor gå sig til hjertet. For du hører her i bønnens ord, med hvor stor klage og alvor, den kristne kirke bærer barnet frem og vedholdende og umisforståeligt bekender for Gud, at det er under Djævelen herredømme og er et syndens og unådens barn. Og man beder indtrængende om hjælp og nåde i dåben, så barnet må blive et Guds barn.

Derfor skal du betænke, at det ikke er nogen spøg at have med Djævelen at gøre. Ikke alene jager du ham bort fra barnet, men skaffer også barnet en livslang fjende af dimensioner. Derfor er det streng nødvendigt, at bistå det arme barn af hele hjertet og i en stærk tro. Man må indtrængende bede Gud om, at han i overensstemmelse med bønnen, ikke alene vil hjælpe barnet ud af Djævelen magt, men også styrke det, så det ridderligt må modstå ham i liv og død. Og jeg er bange for, at grunden til at det går folk så dårligt, efter at de er døbt, skyldes, at man omgås den så koldt og ligegyldigt, og har bedt for dem uden alvor ved dåben.

Så husk nu på, at det ringeste ved dåben er disse ydre ting som at puste på barnets øjne, slå korsets tegn, lægge salt i munden, spyt og jord i ører og næse, salve bryst og skuldre med olie, stryge salve på panden, iføre dåbskjole og et tændt lys i hænderne og hvad der ellers er, som mennesker har tilføjet dåben for at pryde den. Dåben kan nemlig sagtens finde sted uden alle disse ting. De er ikke de rette kneb, som Djævelen frygter og flygter fra. Han foragter selv større ting end disse. Her må der handles med alvor.

Men se til, at du deltager med en ret tro, virkelig hører Guds ord og beder alvorligt. For når præsten siger "lad os bede", så opfordrer han dig jo til at bede sammen med sig. Også alle fadderne og dåbsgæsterne skal i hjertet bede med på hans bøn. Derfor skal præsten bede klart og tydeligt og langsomt, så fadderne kan høre og forstå det, så de også i hjertet kan bede sammen med præsten. De skal i fællesskab på det alvorligste bærer det lille barns nød frem for Gud og på barnets vegne sætte alt, hvad de har ind i kampen mod Djævelen og vise, at de mener det alvorligt, at Djævelen ikke er til at spøge med.

Derfor er det også helt rimeligt og rigtigt, at man ikke lader fordrukne og ubehøvlede præster døbe og heller ikke tager dårlige mennesker til faddere. Man skal i stedet vælge moralsk ansvarlige, alvorlige, fromme præster og faddere hos hvem, man kan se, at de tager sagen alvorlig og handler i en ret tro. Vi skal ikke udsætte dette høje sakramente for Djævelens spot og vanære Gud. Han udøser i dåben en så overstrømmende og grundløs rigdom af nåde over os, så han selv kalder det en ny fødsel, hvorved vi fries fra al Djævelens tyranni, fra synd, død og Helvede og i stedet bliver livets børn og arvinger til alle Guds goder. Ja, vi bliver Guds egne børn og Kristi brødre.

Åh, kære kristne, lad os ikke værdsætte og handle så koldt med en så uudsigelig gave. Dåben er jo vores største trøst og døren ind til alle Guds goder og fællesskabet med alle de hellige. Gud hjælpe os til det, Amen!

———————————

Den lille dåbsbog nyrevideret

Den, der døber, siger:

Vig bort, du urene ånd og giv plads for Helligånden.

Så tegner han et kors for pande og bryst og siger:

Modtag det hellige kors-tegn både på pande og bryst!

Lad os bede!

Oh, almægtige, evige Gud, vor Herre Jesu Kristi far.

Jeg påkalder dig på grund af denne N., din tjener, som beder om din dåbsgave og søger din evige nåde ved den åndelige genfødelse.

Modtag ham, Herre. Du, som selv har sagt: bed, så skal I få, søg, så skal I finde, bank på, så skal der lukkes op for jer - giv nu dine goder til den, der beder og åben døren for den, der banker på, så han må få det himmelske bads evige velsignelse og ved Kristus, vor Herre må modtage dit lovede rige, som er din gave, Amen.

Lad os bede!

Almægtige, evige Gud, du fordømte i din strenge dom den vantro verden ved Syndfloden, men bevarede i din store barmhjertighed otte med den troende Noah. Du druknede den forhærdede Farao og alle hans mænd i Det Røde Hav, men førte dit folk Israel tørskoet igennem. Dermed har du ladet disse bade symbolisere den kommende hellige dåb. Og ved dit kære barn, vor herre Jesu Kristi dåb, har du helliget og indstiftet Jordan og alt andet vand til at være en salig Syndflod og en overstrømmende renselse fra synden.

Vi beder dig ved samme barmhjertighed, at du vil se i nåde til denne N. og velsigne ham med en ret tro i ånden. Så alt, hvad der er medfødt fra Adam og hvad han selv har gjort, må drukne og gå under i denne frelsende Syndflod. Og så han bliver udskilt fra de vantros tal og bevares tør og sikker i den hellige kristenheds Ark. Altid brændende i ånden, glad i håbet, så han tjener dit navn og blive værdig til at modtage det lovede evige liv sammen med alle troende ved Jesus Kristus, vor Herre, Amen.

Jeg besværger dig, du urene ånd, i Faderens +

og Sønnens +

og Helligåndens navn +

at du viger og farer bort fra denne N., Jesu Kristi tjener, Amen.

Lad os høre det hellige evangelium hos evangelisten
Markus:

De bar nogle små børn til Jesus, for at han skulle lægge
hænderne på dem. Men disciplene truede af dem, som
kom med dem. Da Jesus så det, blev han vred og sagde
til dem: Lad de små børn komme til mig og forhindre
dem ikke. For Himmeriget er deres. Sandelig siger jeg
jer: Den, der ikke tager imod Guds rige ligesom et
barn, kommer ikke ind. Og han omfavnede dem og
lagde hænderne på dem og velsignede dem.

Så lægger præsten sine hænder på barnets hoved og
beder Fadervor sammen med fadderne, som knæler:

Vor far, du som er i himlene, helliget blive dit navn,
komme dit rige, ske din vilje som i Himlen således
også på jorden, giv os i dag vort daglige brød, og for-
lad os vore synder som vi også forlader vore skyldnere,
og led os ikke ind i fristelser, men fri os fra det onde,
Amen.

Så fører man barnet hen til døbefonten og præsten si-
ger:

Herren bevare din indgang og udgang til evig tid.

Så lader præsten barnet forsage Djævelen ved sine fad-
dere, idet han siger:

N., forsager du Djævelen? - Svar: Ja.

Og alle hans gerninger? - Svar: Ja.

Og alt han væsen? - Svar: Ja.

Så spørger han:

Tror du på Gud Fader, den almægtige, himlens og jor-
dens skaber? - Svar: Ja.

Tror du på Jesus Kristus, hans eneste søn, vor herre,
som blev født og pint? - Svar: Ja.

Tror du på Helligånden, en hellig, kristen kirke, de
helliges fællesskab, syndernes forladelse, kødets op-
standelse og efter døden et evigt liv? -Svar: Ja.

Vil du døbes? - Svar: Ja.

Så tager han barnet og dypper det i døbefonten, idet
han siger:

Og jeg døber dig i Faderen og Sønnens og Helligån-
dens navn.

Så skal fadderne tage barnet og mens præsten giver
barnet dåbskjolen på, siger han:

Den almægtige Gud, vor Herre Jesu Kristi far, som har genfødt dig ved vand og Helligånden og tilgivet dig alle dine synder, han styrke dig med sin nåde til evigt liv, Amen.

Fred være med dig. - Svar: Amen.

Den Store Lutherserie

Kristi nadverord står fast
Salme 51
Opstandelsen – 1 Kor 15
De Lutherske Bekendelsesskrifter
Vejledning for menighederne
Huspostillen
Bjergprædikenen
Teologiens Grundbegreber
Første Mosebog bind 1
Første Mosebog bind 2
Første Mosebog bind 3
Første Mosebog bind 4
Om den hellige dåb
Fortalerne til Bibelen
At bede enkelt
Nådens Nøgler
Sang og Musik
Udvalgte Breve
Festpostillen
Gud vil alles frelse
Peters Første Brev
Kirkepostillen – Vinterdelen
Kirkepostillen – Sommerdelen
Troen Alene
Johannes 17 – Om Kristi Bøn
Privatmesser og præstevielse
Den sande kirke og den falske kirke
Luther-Leksikon
Den Store Katekismus
Den Lille Katekismus